Bibliografische Information der Deutschen Nationalbibliothek:

Die Deutsche Bibliothek verzeichnet diese Publikation in der Deutschen National-
bibliografie; detaillierte bibliografische Daten sind im Internet über http://dnb.d-
nb.de/ abrufbar.

Impressum:

Copyright © 2017 GRIN Verlag, Open Publishing GmbH
Druck und Bindung: Books on Demand GmbH, Norderstedt Germany
ISBN: 9783668514966

Dieses Buch bei GRIN:

http://www.grin.com/de/e-book/372474/implementierung-einer-verschluesselten-
netzwerkkommunikation-unter-der

Florian Wolf, Jonas Martin

Aus der Reihe: e-fellows.net stipendiaten-wissen

e-fellows.net (Hrsg.)

Band 2543

Implementierung einer verschlüsselten Netzwerkkommunikation unter der Verwendung von Python Sockets und des RSA-Algorithmus

GRIN Verlag

GRIN - Your knowledge has value

GYMNASIUM AM ROMÄUSRING

FACH: INFORMATIK

Implementierung einer verschlüsselten Netzwerkkommunkation
unter der Verwendung von PYTHON Sockets und des
RSA–Algorithmus

Florian Wolf und Jonas Martin

Abgabetermin:

9. März 2017

Inhaltsverzeichnis

Abbildungsverzeichnis

1 Grundlagen

1.1 Socket

Sockets (dt. » Steckdose«) sind Softwareobjekte, die eine bidirektionale Netzwerkkommunikation zwischen Server und Clients ermöglichen. Dabei geht es nicht nur um eine Verbindung von Programmen zum Internet, sondern auch um den internen Datenaustausch zwischen den Programmen. „Bei der Benutzung von Sockets spielt es keine Rolle, ob sich der Zielsocket auf dem eigenen Rechner, auf einem Rechner im lokalen Netzwerk oder auf einem Rechner im Internet befindet."[4, S. 621] Das Betriebssystem stellt dabei die Sockets bereit und hat die Aufgabe alle benutzten Sockets zu verwalten.

Sie erlauben das plattformunabhängige Lesen und Schreiben von Daten und erleichtern so Softwareentwicklern von Unix- und Windowsprogrammen die Entwicklung von netzwerkfähigen Anwendungen.[8, 9, Vgl.] Die Sockets befinden sich im OSI–Schichtenmodell zwischen der Transport- und der Anwendungsschicht (siehe dazu Abbildung 1).

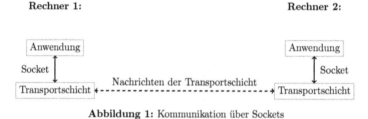

Abbildung 1: Kommunikation über Sockets
(Abbildung selbst erstellt [5, Vgl. Folie 8])

In der Abbildung 2 ist der Verbindungsaufbau zwischen zwei Kommunikationspartnern veranschaulicht. Beide Partner besitzen eine IP-Adresse, über die sie im Internet eindeutig adressierbar sind. Die Kommunikation soll über jeweils einen bestimmten Port ablaufen. Hierfür stellt der erste Partner einen Socket bereit, an den sich der zweite Partner richten kann. Wird die Verbindung akzeptiert kann die Kommunikation, wie in Abbildung 2b zu sehen ist, direkt von Port zu Port ablaufen.[6, Vgl.]

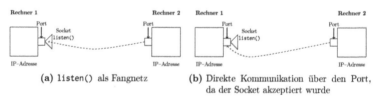

(a) listen() als Fangnetz   (b) Direkte Kommunikation über den Port, da der Socket akzeptiert wurde

Abbildung 2: Der Verbindungsaufbau zwischen zwei Rechnern über Sockets.
(Abbildung selbst erstellt [6, Vgl.])

Sockets in Python

Das Socket-Modul wird über den Befehl `import socket` geladen und gehört so zur Standardbibliothek. Es ist das Python-Modul für die standardmäßige Socket API und stellt damit eine Menge Funktionen für die Netzwerkkommunikation bereit.[4, Vgl. S. 620]

1.2 Transmission Control Protocol

Im Internet stehen hauptsächlich zwei Kommunikationsprotokolle zur Verfügung: UDP und TCP, bei denen man unterschiedlich mit Sockets arbeiten muss. Das Transmission Control Protocol (TCP) ist ein grundlegendes verbindungsorientiertes Netzwerkprotokoll, welches im Vergleich zu dem User Datagram Protocoll (UDP) eine eingebaute Fehlerkorrektur (Quittungsbetrieb) besitzt, weshalb es zuverlässiger ist. Das Kommunikationsprinzip basiert dabei auf dem Verbindungsaufbau, der Datenübertragung und dem Verbindungsabbau. Verwendung findet es vor allem in HTTP- und FTP-Anwendungen, da es eine gute und sichere Verbindung garantiert.[5, Vgl.]

2 Netzwerkkommunikation

2.1 Unverschlüsselt

Die unverschlüsselte Netzwerkkommunikation ist der erste Teil unseres Projekts. Es geht dabei darum, ein funktionierendes Kommunikationsskript zu programmieren. Zu Beginn wird das das Peer-to-Peer-Konzept erklärt, um dann die jeweilige Implementierung der Rechner einzeln vorzustellen.

2.1.1 Peer-to-Peer Rechnermodell

Die Peer-to-Peer (P2P) Connection (dt.»Gleichgestellter«,»Ebenbürtiger«) beschreibt allgemein eine Verbindung zwischen mehreren Computern, bei der alle Rechner gleichberechtigt sind. Jeder Rechner in diesem Netz kann sowohl alle Dienste in Anspruch nehmen, als auch eigene Dienste bereitstellen und kann sich mit jedem weiteren (auch mehreren) Rechner in dem Netzwerk verbinden. Die Daten sind normalerweise auf viele Rechner, also die Nutzer, verteilt. Im Gegensatz zum Client-Server-Modell kommt das Peer-to-Peer-Konzept ohne zentrale Schnittstelle, also einen Server, aus.

Abbildung 3 soll die Umsetzung unserer Rechner-Rechner-Verbindung veranschaulichen: Der Rechner 1 erzeugt dabei zuerst einen Verbindungssocket, mit dem sich der Rechner 2 später über die IP-Adresse des ersten Rechners verbinden kann. Der Verbindungssocket dient dabei ausschließlich zum Aufbau der Verbindung und nicht zur Kommunikation. Mit dem Befehl bind() wird der Verbindungssocket an die Adresse des ersten Rechners gebunden und mit listen() lauscht dieser. Wird die Verbindung, welche der zweite Rechner durch connect() eingehen kann, über accept() vom Rechner 1 angenommen und aufgebaut, wird ein Kommunikationssocket erstellt. Nun können beide Partner kommunizieren und über send() beziehungsweise recv() Nachrichten schreiben und erhalten. Diese Verbindung bleibt bestehen, bis einer der beiden Partner den Kommunikationssocket schließt oder das Programm verlässt. Der Verbindungssocket des ersten Rechners bliebt auch nach Ende der Kommunikation noch weiter geöffnet, um weitere Verbindungen eingehen zu können. Das Programm des zweiten Rechners dagegen wird sofort beendet.

2.1.2 Implementierung Rechner 1

Der erste Rechner ist der Kommunikationspartner, welcher als erstes gestartet werden muss, damit ihn der Kommunikationspartner überhaupt adressieren kann. Es handelt sich hierbei um eine serielle Kommunikation. Das heißt, dass die Kommunikation mit einem Partner abgeschlossen sein muss, bevor der erste Rechner eine neue Verbindung starten kann. Außerdem müssen beide Kommunikationspartner um erneut schreiben zu können warten, bis der jeweils andere seine Nachricht gesendet hat, da wir sonst die sogenannte paralle Programmierung benötigen würden. Die Kommunikation findet also nur abwechselnd statt.

Als erstes wird ein Socket erstellt. Mit AF_INET wird die Verwendung des IPv4-Protokolls und mit SOCK_STREAM die Benutzung von TCP für den Socket festgelegt. Anschließend wird er an einen Port gebunden. Die Nummer des Ports muss bei beiden Partnern identisch sein und die Port-Nummer darf nicht von einer anderen Anwendung verwendet werden. So ist der Port 80 beispielsweise grundsätzlich für HTTP-Anwendungen reserviert. Ports ab 49152 sind generell

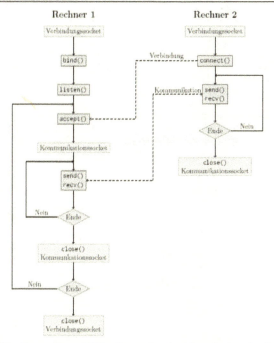

Abbildung 3: Die Peer-to-Peer (P2P) Connection beziehungsweise die Rechner-Rechner-Verbindung (Abbildung selbst erstellt, nach [4, S. 623])

frei verwendbar.[4, Vgl. S. 621] Mit s.listen(1) wird der Rechner 1 in den passiven Modus geschaltet, um so auf eingehende Anfragen zu warten. Der Parameter in der Klammer legt dabei die maximale Anzahl an zu puffernden Verbindungsversuchen fest. Ist dieser Wert kleiner als eins, sind keine Verbindungen möglich.

Um sich zu verbinden benötigt der zweite Rechner die IP-Adresse des Ersten. Aus diesem Grund kann der erste Rechner seine eigene IP-Adresse anzeigen, um diese eventuell an den Partner zu übermitteln. Dazu wird der Unix–Befehl os.popen(" ifconfig |grep inet ") ausgeführt, die Ausgabe eingelesen und verarbeitet. Dieser Befehl gibt unteranderem die eigene IP-Adresse, die des Routers und die Subnetzmaske aus. Möchte der erste Rechner seine IP-Adresse nicht wissen, wird er ohne Ausgabe direkt gestartet.

Der Benutzer gibt nun seinen Namen ein, welcher dem Kommunikationspartner angezeigt wird. Dann wird die Abbruchbedingung für die Verbindung und die Kommunikation initialisiert, mit der der erste Rechner später das Gespräch beenden kann, da er aus der Endlosschleife herausgeworfen wird. Wenn sich der Rechner 1 entscheidet die Kommunikation zu beenden wartet er auch nicht mehr auf weitere eingehende Verbindungsversuche, da es bei unserem Projekt nur darum ging eine Netzwerkkommunikation zwischen zwei Partnern umzusetzen.

Nun befindet sich der erste Kommunikationspartner im Verbindungssocket und wartet auf eingehende Verbindungen, welche er mit `komm, addr = s.accept()` akzeptiert. Dabei wird in einem Tupel der Kommunikationssocket, welcher zur Kommunikation mit dem Partner verwendet wird, und das Adressobjekt des Verbindungspartners übergeben.[4, Vgl. S. 627]

Anschließend kann die Kommunikation innerhalb des Kommunikationssockets stattfinden. Der erste Rechner wartet auf eingehende Datenpakete, welche dann ausgegeben werden. Dann kann der Nutzer eine Antwort eingeben, welche dann versendet wird. Möchte der Benutzer des ersten Rechners die Konversation beenden muss er nur `quit()` als Nachricht eingeben. Der erste Rechner übermittelt dann an den Partner, dass die Kommunikation beendet wurde und der Rechner 1 wechselt in den `finally` Teil des Programms. Der Kommunikations- und der Verbindungssocket werden geschlossen und der Nutzer bekommt eine letzte Meldung angezeigt. Der vollständige Code ist im Folgenden dargestellt und steht online zum Download bereit (siehe Literaturverzeichnis [1]).

Programmcode: Imlementierung des ersten Rechners

```
1    """!/usr/bin/python
2    -*- coding: UTF-8 -*-
3    """
4    import socket
5    import os

7    s = socket.socket(socket.AF_INET, socket.SOCK_STREAM)
8    s.bind(("", 50000))
9    s.listen(1)

11   #Zeigt IP-Adresse über Systembefehl an
12   e = input("Eigene IP-Adresse anzeigen? (ja/nein) ")
13   if e == "ja":
14       alleips = os.popen("ifconfig |grep inet").readlines()
15       alleips = alleips[4].split(" ")
16       print("Deine IP-Adresse lautet: " + alleips[1])
17       print("Rechner 1 startet...\n")
18   elif e == "nein":
19       print("Rechner 1 startet...")
20   else:
21       print("Ungültige Eingabe.\nRechner 1 startet...\n")

23   #Namenseingabe
24   name = str(input("Dein Name: ")) + ": "

26   #Abbruchbedingung
27   quitRechner1 = False

29   try:
30       while quitRechner1 == False:
31           #Verbindungssocket
```

```
32          komm, addr = s.accept()
33          while quitRechner1 == False:
34              #Kommunikationssocket
35              data = komm.recv(1024)
36              print(data.decode())
37              nachricht = str(input("Antwort: "))
38              #Abbruchanweisung, Komm.partner wird benachrichtigt
39              if nachricht == "quit()":
40                  quitRechner1 = True
41                  nachricht = """\
42  \n
43  ------------------------------------------------------------
44  Der Kommunikationspartner hat die Kommunikation beendet.
45  ------------------------------------------------------------
46                  """
47                  komm.send(nachricht.encode())
48                  break
49              else:
50                  #Konvertierung, Name dazu
51                  nachricht = name + nachricht + "\n"
52                  komm.send(nachricht.encode())
53  #Ende der Kommunikation
54  finally:
55      komm.close()
56      s.close()
57      print("""\
58  \n
59  ------------------------------------------------------------
60  Verbindung zum Partner getrennt, Kommunikation wird beendet.
61  ------------------------------------------------------------
62  """)
```

2.1.3 Implementierung Rechner 2

Um mit dem zweiten Rechner unseren Chat nutzen zu können, benötigt man die IP-Adresse des Zielrechners. Der Kommunikationspartner kann sich beispielsweise im lokalen Netzwerk befinden, zwingend notwenig ist aber nur eine Verbindung der beiden Rechner über das Internet.

Zunächst erhält man hier eine Liste aller im Netzwerk vorhandenen Computern und ihrer zughörigen IP-Adressen. Man kann nun eine Adresse auswählen oder manuell eine Adresse eingeben, falls sich der Zielserver nicht im lokalen Netzwerk befindet.

Bei erfolgreicher Eingabe, das heißt die IP des gewünschten Partners ist erreichbar und das Prgramm Rechner1.py läuft, wird beim zweiten Rechner ebenfalls ein Socket mit den gleichen Eigenschaften (IPv4 und TCP) wie beim Rechner zuvor erstellt. Mit dem Befehl s.connect((ip,50000)) wird eine Verbindung zum Kommunikationspartner aufgebaut. Wie bereits beschrieben, muss hier die IP-Adresse bekannt sein, sowie beide Partner auf den gleichen

Port eingestellt sein.

Nachdem die Verbindung mit dem Partner aufgebaut wurde, muss der Benutzer einen Namen eintragen, welcher jeder Nachricht vorangestellt wird. Es wird mit `quitRechner2=False` noch eine Abbruchbedingung eingeführt.

Nun beginnt die eigentliche Kommunikation. Der Nutzer des zweiten Rechners gibt seine Nachricht, welche im Folgenden noch mit seinem Namen versehen wird, ein und diese wird dann mit `s.send()` an den verbundenen Partner gesendet. Dann wartet der erste Rechner auf eine Antwort des Zweiten und gibt diese bei Erhalt aus.

Wenn als Nachricht `quit()` eigegeben wird, beendet der zweite Rechner die Kommunikation durch die Abbruchbedingung und infolgedessen wird die Verbindung zum Kommunikationspartner beendet.

Programmcode: Implementierung des zweiten Rechner

```
1   """!/usr/bin/python
2   -*- coding: UTF-8 -*-
3   """
4   import socket
5   import os

7   # Ziel IP, entweder Rechner im lokalen Netzwerk (WLan und
        Ethernet) oder
8   # über eine manuelle Eingabe
9   eingabe = input("Verbindung zu einem Rechner im lokalen Netzwerk
        aufbauen (ja/nein): ")

11  if eingabe == "ja":
12      print("Liste aller über Ethernet verbunden Geräte:\n\n")
13      # Systembefehl, welcher alle Geräte im lokalen Netzwerk
            anzeigt
14      rechner = os.popen("arp -a").readlines()
15      for i in range(0, len(rechner)):
16          # Nummerierung der Adressen --> Auswahl
17          nummer = str(i) + ": "
18          print(nummer + rechner[i])
19      index = input(
20          "Wähle deine Ziel-IP aus (Nummer, oder 'nicht in der
                Liste'): ")
21      # Nutzer wählt Nummer aus --> Konvertierung zu einem Integer
            möglich
22      try:
23          index = int(index)
24          # String aller Adressen --> Liste
25          rechnerneu = rechner[index].split(" ")
26          # Index der IP in der Liste
27          rechnerwert = rechnerneu[1]
```

```
28            # Entfernen der Klammern, da IP als Tupel vorliegt -->
              IP
29            rechner1 = rechnerwert.replace("(", "")
30            ip = rechner1.replace(")", "")
31            print("Verbindung zum Kommunikationspartner wird
              aufgebaut...\n")
32            # print(ip)
33        # Eingabe nicht konvertierbar --> "nicht in der Liste"
34        except ValueError:
35            # Manuelle Eingabe der IP, falls die Ziel-IP nicht in
              der Liste ist
36            if index == "nicht in der Liste":
37                ip = input("IP-Adresse des Zielrechners: ")
38                print("Verbindung zum Zielrechner wird aufgebaut...\
                  n")
39            # Der Nutzer kommt trotzdem noch zur manuellen Eingabe
40            else:
41                print("Ungültie Eingabe. Manuelle Eingabe der IP-
                  Adresse folgt...")
42    # Manuelle Eingabe
43    elif eingabe == "nein":
44        ip = input("IP-Adresse des Zielrechers: ")
45        print("Verbindung zum Rechner wird aufgebaut...\n")
46    else:
47        print("Ungültige Eingabe.")

49    # Aufbau des Sockets
50    s = socket.socket(socket.AF_INET, socket.SOCK_STREAM)

52    # Verbindung mit dem Zielrechner --> Verbindungssocket
53    s.connect((ip, 50000))
54    name = str(input("Dein Name: ")) + ": "

56    # Abbruchbedingung
57    quitRechner1 = False

59    # Kommunikationssocket
60    try:
61        while quitRechner1 == False:
62            nachricht = input("Nachricht: ")
63            # Abbruch der Kommunikation
64            if nachricht == "quit()":
65                nachricht = """\
66                \n
67    ----------------------------------------------------------
```

```
68  Der Partner hat die Kommunikation beendet.
69  - - - - - - - - - - - - - - - - - - - - - - - - - - - - - - - - - - - - - - -
70                      """
71              s.send(nachricht.encode())
72              quitRechner1 = True
73              break
74          nachricht = name + nachricht + "\n"
75          s.send(nachricht.encode())
76          antwort = s.recv(1024)
77          print(antwort.decode())
78  # Trennen der Verbindung
79  finally:
80      s.close()
81      print("""\
82  \n
83  - - - - - - - - - - - - - - - - - - - - - - - - - - - - - - - - - - - - - - -
84  Verbindung zum Kommunikationspartner getrennt.
85  - - - - - - - - - - - - - - - - - - - - - - - - - - - - - - - - - - - - - - -
86  """)
```

2.2 Exemplarischer Chat–Verlauf

2.2.1 Rechner 1

Beim Start des Programms muss der Benutzer (zumindest beim Mac OS Betriebssystem) eingehende Netzwerkverbindungen akzeptieren, damit die Ports nicht durch die Firewall blockiert werden und eine Kommunikation stattfinden kann.

Abbildung 4: Der Mac bittet um die Berechtigung eingehende Netzwerkverbindungen akzeptieren zu dürfen.

Anschließend wird wahlweise die eigene IP-Adresse anzeigt und der Benutzer kann seinen Chat-Namen wählen:

```
1  Eigene IP-Adresse anzeigen? (ja/nein) ja
2  Deine IP-Adresse lautet: 192.168.0.17
```

```
 3  Rechner 1 startet...

 5  Dein Name: Jonas
 6  Nachricht: Hallo
 7  Florian: Hallo

 9  Nachricht: Wie geht es Ihnen?
```

Dann wartet der Rechner, bis sich der Partner verbindet. Als nächstes wird ihm dann direkt die erste Nachricht des Kommunikationspartners (in diesem Fall „Hallo") angezeigt.

2.2.2 Rechner 2

Der Nutzer des zweiten Rechners wird zuerst gebeten entweder eine Adresse aus seinem lokalen Netzwerk auszuwählen oder eine Adresse manuell einzugeben:

```
 1  Verbindung zu einem Rechner im lokalen Netzwerk aufbauen (ja/
       nein): ja
 2  Liste aller über Ethernet verbunden Geräte:


 5  0: (192.168.0.1) at 58:23:8c:27:50:c3 on en3 ifscope [ethernet]

 7  1: (192.168.0.2) at 58:23:8c:27:50:c3 on en3 ifscope [ethernet]

 9  2: (192.168.0.17) at 68:5b:35:c0:64:e6 on en3 ifscope permanent
       [ethernet]

11  3: (192.168.0.18) at 40:33:1a:71:9f:51 on en3 ifscope [ethernet]

13  4: (192.168.0.19) at 1c:1a:c0:30:cc:f on en3 ifscope [ethernet]

15  5: (192.168.0.20) at (incomplete) on en3 ifscope [ethernet]

17  6: (192.168.0.22) at (incomplete) on en3 ifscope [ethernet]

19  7: (192.168.0.255) at (incomplete) on en3 ifscope [ethernet]

21  8: (224.0.0.251) at 1:0:5e:0:0:fb on en3 ifscope permanent [
       ethernet]

23  Wähle deine Ziel-IP aus (Nummer, oder 'nicht in der Liste'): 2
24  Verbindung zum Rechner wird aufgebaut...

26  Dein Name: Florian
27  Jonas: Hallo
```

```
29  Antwort: Hallo
30  Jonas: Wie geht es Ihnen?

32  Antwort:
```

2.3 Verschlüsselt

Im zweiten Teil des Projektes sollte die bereits bestehende Kommunikation sicher verschlüsselt werden, um sich vor möglichen Zuhörern zu schützen. Dafür verwenden wir das Paket PyCrypto[1], welches viele symetrische und asymetrische Verschlüsselungsverfahren zur Verfügung stellt. Das Problem an diesem Paket ist, dass es momentan nur Python-Versionen von 2.1 bis 3.3 unterstützt werden. Da wir unseren Programmcode aber nicht in Python2 umschreiben wollten haben wir die Verschlüsselung theoretisch umgesetzt und müssen nun darauf warten, dass der Drittanbieter die Version Python3.5 unterstützt. Aus diesem Grund sind die folgenden Programmcodebeispiele unsere »theoretische Lösung«, da es keine anderen Pakete gibt, die die von uns benötigten Funktionen bereitstellen. Allerdings haben wir die benutzten Funktionen in Pyhton2 ausgiebig getestet, um sie richtig und vor allem funktional verwenden zu können.

2.3.1 Theoretische Grundlagen: Asymmetrische Verschlüsselung

Eine sehr lange Zeit ging man davon aus, dass es nur symmetrische Verschlüsselungsverfahren gibt, bei denen beide Seiten den gleichen Schlüssel besitzen müssen, mit dem sowohl ver- als auch entschlüsselt wird. Im Jahre 1976 veröffentlichten die Kryptologen W. Diffie und M. Hellmann erstmals einen Fachartikel in dem das erste Public-Key-Verfahren vorgestellt wurde[2]. Das heißt, dass Empfänger und Sender jeweils ein Schlüsselpaar mit einem öffentlichen und privaten Schlüssel besitzen. Dabei wird der öffentliche Schlüssel vom Sender benutzt, um eine Nachricht zu verschlüsseln, welche nur der Empfänger mit seinem geheimen Schlüssel entschlüsseln kann. Dabei spricht man von asymetrischer Verschlüsselung, da nicht mehr nur der gleiche Schlüssel für den Ver- und Entschlüsselungsvorgang benutzt wird.

Man kann sich das ganz einfach mit einem Briefkasten vorstellen. Der Sender wirft seine Nachricht in den öffentlich zugänglichen Briefkasten (entspricht dem öffentlichen Schlüssel) und nur dem Empfänger kann diesen Briefkasten mit seinem (privaten) Schlüssel wieder öffnen, um die Nachricht zu lesen.[7, Vgl. S. 15–17]

Bei diesem Vorgang erhält jeder Teilnehmer T des Systems zuerst einen privaten Schlüssel $d = d_T$, welcher unbedingt geheimgehalten werden muss und anschließend einen öffentlichen Schlüssel $e = e_T$, welcher für alle Personen zugänglich sein kann und sollte. Ein allgemeiner Verschlüsselungsalgorithmus f ordnet unter einem öffentlichen Schlüssel e jedem Klartext m einen verschlüsselten Geheimtext

$$c = f_e(m)$$

[1]Download unter: https://pypi.python.org/pypi/pycrypto (02.02.2017)

[2]Es ging hierbei um das sogenannte Diffie-Hellmann-Protokoll, welches zur sicheren Schlüsselvereinbarung zwischen zwei Kommunikationspartnern in einem öffentlichen Kanal verwendet wird. Das bedeutet, dass beide Seiten einen geheimen symmetrischen Schlüssel erzeugen können, während die Leitung oder der Kanal belauscht wird. Das findet beispielsweise im elektronischen Handel seine Anwendung.

Das Zahlentheoretische Problem, welches gleichzeitig die Sicherheit des Protokolls garantiert, ist die Berechnung des diskreten Logarithmus. Das heißt es ist durch den Einsatz effizienter Algorithmen sehr einfach die diskrete Exponentialfunktion $y = x^x \mod p$ zu berechnen, aber quasi unmöglich mit bekannten Werten von y und g diesen Vorgang mit $y = g^x \mod p$ umzudrehen und den Wert x zu finden, wenn die verwendeten Zahlen groß genug sind.

In der Kryptographie wird dieses Prinzip sehr häufig benutzt.

zu. Dieser Vorgang kann umgekehrt werden, in dem f unter dem privaten Schlüssel d auf den Geheimtext angewendet wird:

$$m' = f_d(c)$$

Das heißt, dass die Funktion f je nach Parameter entweder eine Verschlüsselungsfunktion f_e, oder eine Entschlüsselungsfunktion f_d darstellt. Für eine komplett korrekte Entschlüsselung muss immer gelten:

$$m' = f_d(c) = f_d(f_e(m)) = m$$

Die Darstellung im Fließschema 5 verdeutlicht den Ablauf der asymetrischen Verschlüsselung:

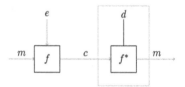

Abbildung 5: Der asymmetrische Verschlüsselungsprozess. Die Entschlüsselung muss in einer sicheren Umgebung stattfinden, damit der private Schlüssel d geschützt wird. [2, Vgl. S. 15, Abbildung selbst erstellt]

Bei den Public-Key-Verfahren ist es quasi komplett unmöglich durch Kenntnis des öffentlichen Schlüssels e auf den privaten Schlüssel d zu schließen. Um einem Teilnehmer eine verschlüsselte Nachricht zu senden benötigt man nur noch seinen öffentlichen Schlüssel, welcher häufig in einer Datenbank vorliegt.

Dieses Verfahren wird beispielsweise zur sicheren Verschlüsselung und Signierung von E-Mails unter dem Namen PGP (»pretty good privacy«) verwendet. Im Internet gibt es dann Datenbanken[3], in denen öffentliche Schlüssel und die zugehörigen Mail-Adressen gespeichert werden.

2.3.2 Theoretische Grundlagen: RSA–Algorithmus

Der RSA-Algorithmus ist wohl der bekannteste Public-Key-Algorithmus. Er wurde von den drei Mathematikern Ronald L. Rivest, Adi Shamir und Leonard Adleman am Massachusetts Institute of Technology (MIT) entwickelt, als sie versuchten die Annahmen von W. Diffie und M. Hellmann über asymetrische Verschlüsselungssysteme zu widerlegen.

Die Sicherheit des RSA-Algorithmus stützt sich auf das Problem der Faktorisierung großer Zahlen durch eine Einwegfunktion[4]. Es ist mit der modernen Rechenleistung sehr einfach große

---

[3]Beispielsweise: https://pgp.mit.edu (03.02.2017)

[4]Eine Einwegfunktion ist sehr einfach auszuführen. Die Invertierung dieser Funktion ist allerdings (fast) unmöglich. „Eine Einwegfunktion ist eine Abbildung f einer Menge X in eine Menge Y, so dass jedes $f(x)$ für jedes Element leicht zu berechnen ist, während es für (fast) jedes y aus Y schwer ist, ein Urbild x (d.h. ein x mit $f(x) = y$ zu finden"[2, S. 16] Man kann sich eine Einwegfunktion ähnlich wie ein Telefonbuch vorstellen. Es ist sehr leicht die Nummer zu finden, welche zu einem bestimmten Namen gehört. Sucht man allerdings den

(Prim-)Zahlen zu faktorisieren, aber quasi unmöglich eine Zahl dieser Größe[5] wieder in ihre Primzahlen zu zerlegen. Mit dem RSA-Verfahren lassen sich Nachrichten wowohl verschlüsseln, als auch signieren, wobei hier nur auf die Verschlüsselung eingegangen wird.

Grundlage des Algorithmus ist der *Satz von Euler* oder auch *Satz von Euler-Fermat*, der eine Verallgemeinerung des kleinen fermatschen Satzes darstellt.[7, Vgl. S. 19f.][2, Vgl. S. 25] Wenn n das Produkt zweier Primzahlen p und q ist, gilt für jede Zahl x:

$$x^{(p-1)(q-1)} \mod n = 1$$

Benutzt wird nun eine modifizierte Form dieses Satzes. Zuerst werden zwei sehr große Primzahlen p und q erzeugt und ihr Produkt $n = p \cdot q$ wird gebildet. Anschließend wird die Zahl e gebildet, welche zu $\phi(n) := (p-1)(q-1)$ teilerfremd sein muss. Für all das gibt es sehr schnelle Algorithmen. Zusammen mit dem Produkt n wird daraus der öffentliche Schlüssel (e, n) gebildet.

Dann wird eine weitere Zahl d berechnet[6], für die gilt:

$$e \cdot d \mod (p-1)(q-1) = 1$$

Das bedeutet:

$$e \cdot d = k \cdot (p-1)(q-1) + 1$$

Die Konstante $k \in \mathbb{N}$ ist unbekannt, spielt aber auch keine Rolle. Die Zahl d ist nun der private Schlüssel.[7, Vgl. S. 19]

Für die Verschlüsselung einer Nachricht m gilt nun:[7, Vgl. S. 19][2, Vgl. S. 25]

$$f_e(m) = c = m^e \mod n$$

Die Entschlüsselung ist dem sehr ähnlich:

$$f_d(c)n = m' = c^d \mod n$$

Beweis.

$$f_d(f_e(m)) = (m^e)^d \mod n = m$$

$$m' = c^d \mod n = (m^e)^d \mod n = m^{k(p-1)(q-1)+1} \mod n = m \cdot m^{k(p-1)(q-1)} \mod n = 1 \cdot m = m$$

$\square$

Der Beweis stammt aus [7, S. 20] und [2, S. 25]. Dadurch, dass der RSA-Algorithmus ein Schlüsselpaar benutzt, löst er zwei große Probleme der bisherigen Verschlüsselung:

Namen, zu dem eine bestimmte Nummer gehört braucht man sehr viel Zeit. Die Existenz von Einwegfunktion ist unbewiesen und hängt mit der P vs NP Vermutung aus der Komplexitätstheorie zusammen. Anwendung finden Einwegfunktionen beispielsweise beim hashen von Passwörtern (Hashfunktionen sind besondere Einwegfunktionen, da sie zusätzlich auch noch kollisionsfrei sein müssen.).

[5]Die beiden Faktoren liegen meistens in der Größenordnung $> 10^{100}$, das Produkt ist damit $> 10^{200}$

[6]Hierfür wird der Euklidische Algorithmus verwendet.

1.) Schlüsselmanagement Bisher musste jeder Teilnehmer des Systems mit jedem anderen Teilnehmer einen neuen Schlüssel erzeugen. Dadurch benötigt man bei 1000 Anwendern beispielsweise 499.500 Schlüssel[7]. Es ist sehr aufwendig all diese Schlüssel zu erzeugen und vor allem sicher zu verwahren.

2.) Symmetrie zwischen Ent- und Verschlüsselung Beim RSA-Algorithmus ist es aufgrund des Schlüsselpaars und der asymetrisch ablaufenden Verschlüsselung wie bereits erwähnt (fast) unmöglich vom öffentlichen auf den privaten Schlüssel zu schließen. Bei den bisherigen symmetrischen Verschlüsselungsverfahren kann man aus dem Chiffrierschlüssel den Dechiffrierschlüssel ableiten, was ziemlich unsicher ist.

2.3.3 Schlüsselaustausch

Beim Schlüsselaustausch geht es darum, dass der erste Rechner seinen öffentlichen Schlüssel an den zweiten Rechner und umgekehrt übermittelt. Beide erzeugen zuerst ein Schlüsselpaar, welches den öffentlichen und privaten Schlüssel enthält. Dann müssen beide ihren öffentlichen Schlüssel extrahieren, dass dieser von dem anderen Partner eingelesen werden kann. Dann wird aus dem privaten Schlüssel ein Chiffre erzeugt, mit dem später die Nachricht entschlüsselt werden. Der private Schlüssel wird damit quasi nutzbar gemacht.

Nun müssen die Kommunikationspartner eine Verbindung über die Sockets aufbauen, um die Schlüssel austauschen zu können. Beide senden dem jeweils anderen ihren extrahierten öffentlichen Schlüssel. Dieser wird dann vom jeweiligen Partner zwischengespeichert und über ein Verschlüsselungschiffre nutzbar gemacht. Anschließend können beide in die gewohnte Chatschleife wechseln, da der Schlüsselaustausch vorgeschaltet ist.

Die Kommunikation ist nun verschlüsselt, in dem ein Kommunikationspartner den öffentlichen Schlüssel des anderen nutzt, um die Nachricht zu chiffrieren, welche dann vom Partner mit seinem privaten Schlüssel dechiffriert wird.

Der Austausch ist in der Abbildung 6 auch noch einmal schematisch dargestellt:

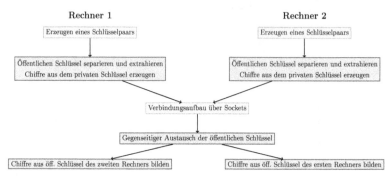

Abbildung 6: Schlüsselaustausch zwischen den Kommunikationspartnern. Danach ist eine verschlüsselte Kommunikation möglich. [Abbildung wurde selbst erstellt]

---

[7]Allgemein: n Anwender brauchen $\frac{n \cdot (n-1)}{2}$ Schlüssel [3, Vgl.]

2.3.4 Implementierung

Ausgehend von den unverschlüsselten Implementierungen haben wir nun mithilfe des Moduls PyCrypto eine asymetrische Verschlüsselung dem Code hinzugefügt.

Um einen Schlüsselpaar zu generieren muss zunächst das entsprechende Verfahren von PyCrypto importiert werden und kann dann mit RSA.genereate(1024) erstellt werden. Um nun den öffentlichen Schlüssel dem Kommunikationspartner zu senden, muss man ihn zunächst mit der Methode .publickey() aus dem 'Gesamtschlüssel' extrahieren. Damit der Schlüssel für den Anderen lesbar ist, muss er noch in einen String umgewandelt werden. Dies geschieht mithilfe von .exportKey() .

Um nicht das als unsicher angesehene »Textbook-RSA« verwenden zu müssen, verwenden wir eine sichere Variante des RSA-Algorithmus. Sie ist ebenfalls in PyCrypto enthalten und wird mit from Crypto.Cipher import PKCS1_OAEP importiert. Dadurch wird zunächst der private Schlüssel nutzbar gemacht.

Bis hier hin verläuft das Verfahren in beiden Programmen genau gleich. Nun sendet zunächst der zweite Rechner seinen lesbaren Key an den ersten Rechner. Dieser empfängt diesen, macht diesen auch mit PKCS1_OAEP nutzbar und sendet nun seinen eigenen öffentlichen Schlüssel an den seinen Kommunikationspartner, den zweiten Rechner. Hier wird durch das gleiche Verfahren auch dieser Schlüssel zur Verwendung präpariert. Da beide Partner nun den Schlüssel besitzen kann jetzt die verschlüsselte Kommunikation beginnen.

Zunächst gibt ein Partner seine Nachricht ein. Diese wird, wie schon bei der unverschlüsselten Version, mit dem Namen versehen. Nun wird sie mit dem öffentlichen Schlüssel des Anderen durch die Methode .encrypt verschlüsselt und anschließend versandt.

Die ankommende Nachricht wird dann jeweils mit dem eigenen privatem Schlüssel und der Methode .decrypt entschlüsselt und ausgegeben.

Die Implementierung bis hier her ist leider nur theoretisch, da das Modul PyCrypto nur bis Python Version 2.7 kompatibel ist. So konnten wir nur die Einzelfunktionen des Moduls testen, jedoch nicht den eigentlichen Code.

Programmcode 1: Implementierung des ersten Rechners mit der verschlüsselten Kommunikation

```
1    """!/usr/bin/python
2    -*- coding: UTF-8 -*-
3    """
4    import socket
5    import os
6    #Verschlüsselung
7    from Crypto.PublicKey import RSA
8    from Crypto.Cipher import PKCS1_OAEP

10   s = socket.socket(socket.AF_INET, socket.SOCK_STREAM)
11   s.bind(("", 50000))
12   s.listen(1)

14   #Zeigt IP-Adresse über Systembefehl an
```

```
15   e = input("Eigene IP-Adresse anzeigen? (ja/nein) ")
16   if e == "ja":
17       alleips = os.popen("ifconfig |grep inet").readlines()
18       alleips = alleips[4].split(" ")
19       print("Deine IP-Adresse lautet: " + alleips[1])
20       print("Rechner 1 startet...\n")
21   elif e == "nein":
22       print("Rechner 1 startet...")
23   else:
24       print("Ungültige Eingabe.\nRechner 1 startet...\n")

26   #Namenseingabe
27   name = str(input("Dein Name: ")) + ": "

29   #Abbruchbedingung
30   quitRechner1 = False

32   #Akzeptieren der Verbindung
33   komm, addr = s.accept()

35   #Verschlüsselung
36   #Schlüsselpaar wird erzeugt
37   rechner1key = RSA.generate(1024)
38   #Public key wird extrahiert
39   rechner1keypublic = rechner1key.publickey()
40   #Public Key --> String, damit der Partner ihn lesen kann
41   rechner1key_lesbar = rechner1keypublic.exportKey()

43   #Seperation des private keys, über PKCS1_OAEP-Verfahren
44   rechner1keyprivate = PKCS1_OAEP.new(rechner1key)

46   keyaccept = komm.recv(1024)
47   publickeyrechner2 = keyaccept.decode()
48   #--> öffentlicher Schlüssel des Partners liegt nun vor
49   chiffrerechner2 = PKCS1_OAEP.new(publickeyrechner2)

51   #Versenden des öffentlichen Schlüssels an den Partner
52   komm.send(rechner1key_lesbar)


55   try:
56       while quitRechner1 == False:
57           #Verbindungssocket
58           #siehe oben
59           #komm, addr = s.accept()
```

```
60            while quitRechner1 == False:
61                #Kommunikationssocket
62                data = komm.recv(1024)
63                #Entschlüsseln der empfangenen Nachricht
64                print(rechner1keyprivate.decrypt(data.decode()))
65                nachricht = str(input("Antwort: "))
66                #Abbruchanweisung, Partner wird benachrichtigt
67                if nachricht == "quit()":
68                    quitRechner1 = True
69                    nachricht = """\
70                    \n
71  -------------------------------------------------------------
72  Der Kommunikationspartner hat die Kommunikation beendet.
73  -------------------------------------------------------------
74                    """
75                    # Verschlüssel der Nachricht
76                    chiffrat = chiffrerechner2.encrypt(nachricht)
77                    komm.send(chiffrat.encode())
78                    break
79                else:
80                    #Konvertierung, Name dazu
81                    nachricht = name + nachricht + "\n"
82                    # Verschlüssel der Nachricht
83                    chiffrat = chiffrerechner2.encrypt(nachricht)
84                    komm.send(chiffrat.encode())
85  #Ende der Kommunikation
86  finally:
87      komm.close()
88      s.close()
89      print("""\
90  \n
91  -------------------------------------------------------------
92  Verbindung zum Partner getrennt, Kommunikation wird beendet.
93  -------------------------------------------------------------
94  """)
```

Programmcode 2: Imlementierung des zweiten Rechners mit der verschlüsselten Kommunikation

```python
1   """!/usr/bin/python
2   -*- coding: UTF-8 -*-
3   """
4   import socket
5   import os
6   #Verschlüsselung
7   from Crypto.PublicKey import RSA
8   from Crypto.Cipher import PKCS1_OAEP

10  # IP Rechner 1, entweder Rechner im lokalen Netzwerk (WLan und
        Ethernet) oder
11  # über eine manuelle Eingabe
12  eingabe = input("Verbindung zu einem Rechner im lokalen Netzwerk
        aufbauen (ja/nein): ")

14  if eingabe == "ja":
15      print("Liste aller über Ethernet verbunden Geräte:\n\n")
16      # Systembefehl, welcher alle Geräte im lokalen Netzwerk
            anzeigt
17      rechner = os.popen("arp -a").readlines()
18      for i in range(0, len(rechner)):
19          # Nummerierung der Adressen --> Auswahl
20          nummer = str(i) + ": "
21          print(nummer + rechner[i])
22      index = input(
23          "Wähle deine Ziel-IP aus (Nummer, oder 'nicht in der
                Liste'): ")
24      # Nutzer wählt Nummer aus --> Konvertierung zu einem Integer
            möglich
25      try:
26          index = int(index)
27          # String aller Adressen --> Liste
28          rechnerneu = rechner[index].split(" ")
29          # Index der IP in der Liste
30          rechnerwert = rechnerneu[1]
31          # Entfernen der Klammern, da IP als Tupel vorliegt -->
                IP
32          rechner1 = rechnerwert.replace("(", "")
33          ip = rechner1.replace(")", "")
34          print("Verbindung zum Zielrechner wird aufgebaut...\n")
35          # print(ip)
36      # Eingabe nicht konvertierbar --> "nicht in der Liste"
```

```
37      except ValueError:
38          # Manuelle Eingabe der IP, falls die Ziel-IP nicht in
                der Liste ist
39          if index == "nicht in der Liste":
40              ip = input("IP-Adresse des Zielrechners: ")
41              print("Verbindung zum Zielrechner wird aufgebaut...\
                    n")
42          # Der Nutzer kommt trotzdem noch zur manuellen Eingabe
43          else:
44              print("Ungültie Eingabe. Manuelle Eingabe der IP-
                    Adresse folgt...")
45  # Manuelle Eingabe
46  elif eingabe == "nein":
47      ip = input("IP-Adresse des Zielrechners: ")
48      print("Verbindung zum Zielrechner wird aufgebaut...\n")
49  else:
50      print("Ungültige Eingabe.")

52  # Aufbau des Sockets
53  s = socket.socket(socket.AF_INET, socket.SOCK_STREAM)

55  # Verbindung mit dem Zielrechner --> Verbindungssocket
56  s.connect((ip, 50000))
57  name = str(input("Dein Name: ")) + ": "


60  #Verschlüsselung
61  #Schlüsselpaar wird erzeugt
62  rechner2key = RSA.generate(1024)
63  #Public key wird extrahiert
64  rechner2keypublic = rechner2key.publickey()
65  #Public Key --> String, damit der Partner ihn lesen kann
66  rechner2key_lesbar = rechner2keypublic.exportKey()

68  #Seperation des private keys, über PKCS1_OAEP-Verfahren
69  rechner2keyprivate = PKCS1_OAEP.new(rechner2key)

71  #öffentlicher Schlüssel muss nun zum Partner
72  keysend = rechner2key_lesbar
73  s.send(keysend.encode())

75  keyaccept = s.recv(1024)
76  publickeyrechner1 = keyaccept.decode()
77  #--> öffentlicher Schlüssel des Rechner 1 liegt vor
78  chiffrerechner1 = PKCS1_OAEP.new(publickeyrechner1)
```

```
79    #öff. Schlüssel des Rechner 1 über Verfahren nutzbar gemacht


82    # Abbruchbedingung
83    quitRechner2 = False

85    # Kommunikationssocket
86    try:
87        while quitRechner2 == False:
88            nachricht = input("Nachricht: ")
89            # Abbruch der Kommunikation
90            if nachricht == "quit()":
91                nachricht = """\
92    \n
93    ------------------------------------------------
94    Der Partner hat die Kommunikation beendet.
95    ------------------------------------------------
96                """
97                chiffrat = chiffrerechner1.encrypt(nachricht)
98                s.send(chiffrat.encode())
99                quitRechner2 = True
100               break
101           nachricht = name + nachricht + "\n"
102           # Verschlüssel der Nachricht
103           chiffrat = chiffrerechner1.encrypt(nachricht)
104           s.send(chiffrat.encode())
105           antwort = s.recv(1024)
106           #Entschlüsseln der empfangenen Nachricht
107           print(rechner2keyprivate.decrypt(antwort.decode()))
108   # Trennen der Verbindung
109   finally:
110       s.close()
111       print("""\
112   \n
113   ------------------------------------------------
114   Verbindung zum Kommunikationspartner getrennt.
115   ------------------------------------------------
116   """)
```

3 Arbeitsprotokoll

Datum	Dauer	Inhalt
14.01.2017	ca. 2–3 h	Kommunikation ohne Verschlüsselung
17.01.2017	ca. 2 h	Dokumentation
21.01.2017	ca. 2–3 h	Auswahl IP lokales Netzwerk
22.01.2017	ca. 1 h	Verbesserung Abbruchbedingung beider Partner und Anzeige der eigenen IP des Servers
22.01.2017	ca. 1-2 h	Dokumentation
23.01.2017	ca. 1 h	vollständige Dokumentation unverschlüsselte Kommunikation
27.01.2017	ca. 1 h	Recherche zur Verschlüsselung und Verbesserung der quit()-Anweisungen
02.02.2017	ca. 2,5 h	Theoretische Verschlüsselung mit PYCRYPTO, Update des Moduls nötig
03.03.2017	ca. 2–3 h	Dokumentation
06.03.2017	ca. 2 h	Fertigstellen der Dokumentation
07.03.2017	30 min.	Letzte Korrekturen und Druck der Dokumentation

4 Literatur

[1] *Alle Dateien zum Download.* URL: https://github.com/Flowlishes/Python-Networking-Chat (besucht am 22.01.2017).

[2] Albrecht Beutelsbacher, Jörg Schwenk und Klaus-Dieter Wolfenstetter. *Moderne Verfahren der Kryptographie.* Springer Spektrum, 2015.

[3] *Der RSA-Algorithmus.* URL: https://www.zum.de/Faecher/Inf/RP/infschul/kr_rsa.html (besucht am 03.02.2017).

[4] Johannes Ernesti und Peter Kaiser. *Python 3 – Das umfassende Handbuch.* Rheinwerk Computing, 2015.

[5] *Internet Kommunikation in Python mit Sockets.* URL: http://informatik.bildung-rp.de/fileadmin/user_upload/informatik.bildung-rp.de/Weiterbildung/WB_12/WB_XII_5_Sockets_in_Python.pdf (besucht am 17.01.2017).

[6] *Oracle: What is a Socket?* URL: https://docs.oracle.com/javase/tutorial/networking/sockets/definition.html (besucht am 17.01.2017).

[7] Jörg Schwenk. *Sicherheit und Kryptographie im Internet.* Springer Vieweg, 2014.

[8] *Socket Definition.* URL: http://techterms.com/definition/socket (besucht am 17.01.2017).

[9] *Techopedia: Socket Definition.* URL: https://www.techopedia.com/definition/16208/socket (besucht am 17.01.2017).